AF427878

Educación especial: Guía Fácil para Familias Latinas

Andrea Amosson

The Libro Nook

EDUCACIÓN ESPECIAL: GUÍA FÁCIL PARA FAMILIAS LATINAS

Copyright © 2024 by Andrea Amosson
Published by The Libro Nook.
thelibronook@gmail.com
about.me/thelibronook/

All rights reserved. No part of this book may be reproduced in
any manner whatsoever without written permission except in
the case of brief quotations embodied in critical articles and
reviews.

First Printing, 2024.
Texas, USA.
Printed in USA.

Derechos de autor © 2024 por Andrea Amosson
Publicado por The Libro Nook.
thelibronook@gmail.com
about.me/thelibronook/

Todos los derechos reservados. Ninguna parte de este libro puede
ser reproducida de ninguna manera sin permiso por escrito,
excepto en el caso de breves citas incluidas en artículos críticos y
reseñas.

Primera edición, abril de 2024.
Texas, EE.UU.
Impreso en EE.UU.

Dedicatoria

A mis hijos maravillosos y mi Yikingo.
A mi madre, la Babu, que también ha
contribuido en la crianza de estos bellos
jóvenes.

A las madres y padres que me enseñan
cada día. Y a sus hijos e hijas, que me
aceptan tal como soy.

CONTENTS

Educación especial:

GUÍA FÁCIL PARA FAMILIAS LATINAS

Andrea Amosson

1

PRIMERAS PALABRAS

Como madre de un par de niños que tienen una que otra dificultad académica y de comportamiento, sé dónde y cuándo comienza esta historia. Pero imagino que, como a otras mamás tal vez les ocurre, el final no está claro. El camino de ser madre es incierto y diría que lo es más para madres como nosotras, que debemos enfrentarnos a la sopa de letras que constituyen los diagnósticos que nuestras niñas y niños reciben. TDA, TEA, TOC, en español, y ADHD, ASD, OCD, en inglés y entre otras, siglas arrojadas por especialistas sin que estemos preparadas para agarrar la papa caliente.

Sumemos los servicios de educación especial a la combinación enervante de no comprender por qué la muchachita o muchachito hace tal o cual cosa, o ser mamá sin pareja, o ser migrante, con el inglés algo limitado y en ocasiones sin contar con documentos. Si no claudicamos es por el amor que sentimos hacia nuestras niñas y niños y por la responsabilidad de mamá latina de seguir empujando la carreta, contra viento, marea y dolores lumbares.

Creo que no arrancarse los pelos de la cabeza uno por uno, al anochecer, cuando nuestras hijas e hijos duermen, es ya una tremenda proeza. Y es preciso felicitarnos y celebrar ese triunfo, por minúsculo que parezca.

Incluso para alguien con buen manejo del inglés, con papeles en forma, brillantes y verdes, y con el apoyo de la comunidad, la Ley de Educación Especial es un territorio complejo de bastantes páginas que no tenemos manera de memorizar. Entonces, aun sabiendo que esta ley existe, podemos ir a las reuniones con la escuela y pensar que qué bonita y buena es la escuela, que qué favor que nos hace al ofrecer tal o cual servicio a mi bebé.

O sea, ahí ya encontramos el primer error. Nadie nos hace ningún favor. Si no cumplen, se meterán en problemas.

Me hubiera servido a mí enterarme antes de que el mayor de mis retoños estuviera en el onceavo grado, por supuesto, y por eso espero que esta guía fácil y entretenida sea un aporte para tu vida diaria, que implique una mejoría en tu calidad de vida y en la de tus hijas e hijos y familia.

Deseo que, al aprender los aspectos básicos de la educación especial, te entretengas, a la vez que te informes, para que defiendas los derechos de tus nenas y nenes con conocimiento de causa y accedas a las ayudas y servicios que existen. Si vinimos a Estados Unidos en búsqueda de una mejor vida, por qué detenernos allí, por qué no continuar el recorrido hasta encontrar los recursos apropiados.

Esta guía lleva por subtítulo "Para Familias Latinas", pero verás que en estas páginas me enfoco en ti, que eres madre como yo y que llevas la mayoría de las responsabilidades de la crianza por una u otra razón. Y lo afirmo sin juzgar, porque cada familia es diferente y entiendo que puede incluir al padre, a los abuelos, a las tías, a los hermanos, a los vecinos y otras personas generosas dispuestas a colaborar.

Si al terminar de leer esta introducción no sientes los deseos irreprimibles de jalarte los cabellos y arrojar el libro contra la pared, habré cumplido con uno de mis cometidos: tentarte a explorar conmigo este tema de la educación especial en Estados Unidos. Confío en que, al concluir la lectura, tendrás más fuerza, estarás mejor orientada en el mar de información y terminología extraña y serás parte vital del equipo que decide las ayudas para tus hijas e hijos. No sabemos dónde terminan nuestras historias y eso es bueno, porque deseamos, como madres de niñas y niños con necesidades especiales, que sigan caminando, que avancen y alcancen su máximo potencial. Y que lleguemos a la edad anciana orgullosas de lo que han logrado.

Por último, te comento que este no es un libro académico ni menos un compendio, sino una guía escrita por una madre que se ha sentido extraviada, agotada y triste en algunas etapas de su vida. Sé cómo te sientes. Las noches sin dormir, la angustia, el no saber. Es mi intención abrir el diálogo y compartir la información que ahora tengo. Y seguir el camino del aprendizaje juntas.

Andrea Amosson

Mamá de dos magníficos jovencitos.
Chilena de nacimiento y residente en Texas, Estados Unidos

PS: además te comparto que encontrarás varias palabras mal cortadas en este libro, debido a la norma del inglés de cortar donde sea y no donde termina una sílaba. Al principio me molestó, pero luego hice las paces con esta realidad de un pie aquí y un pie allá, de ser chilena y ser estadounidense. Estamos compuestas de multiplicidades y más vale abrazarlas.

2

UN POCO DE HISTORIA
–LO PROMETO–

Sin afán de aburrirnos, te resumo el origen de la legislación que otorga protección a nuestros querubines.

La Ley de Educación para Individuos con Discapacidades (IDEA) es una ley federal de Estados Unidos que se originó en 1975 como la Ley de Educación de Todos los Niños con Discapacidades (EHA, por sus siglas en inglés). Esta ley histórica estableció el derecho a la educación pública, gratuita y apropiada para todas las niñas y niños con discapacidades, incluyendo discapacidades físicas y mentales, en todo el país.

En 1990, la EHA se convirtió en la IDEA. Esta revisión establece nuevas regulaciones que mejoran el acceso a la educación y los servicios de apoyo para niñas y niños con discapacidades. La IDEA también reconoce la importancia de incluir a madres y padres y a familias en el proceso de educación especial y les otorga más derechos y responsabilidades en la toma de decisiones.

En 2004, la IDEA se revisó de nuevo con la Ley de Mejora de la Educación para Individuos con Discapacidades (IDEA, 2004). Esta ley amplía aún más los derechos de niñas y niños con discapacidades y sus familias, con la inclusión de objetivos y mediciones de progreso claros y la promoción de la inclusión y participación en el entorno escolar general.

Hoy en día, la IDEA es una ley vital para niñas y niños con discapacidades y para sus familias en Estados Unidos. A través de esta ley, se asegura el acceso a la educación pública, gratuita y apropiada, sin importar sus necesidades especiales. La IDEA también establece derechos y responsabilidades claros para madres, padres y escuelas, y promueve la inclusión y el éxito de todas las niñas y niños en la escuela y más allá.

Puntos claves

La ley establece que cada niña y niño tiene derecho a una educación

- pública
- gratuita
- apropiada
- en el ambiente menos restrictivo posible.

En resumen

La Ley IDEA es una ley federal importante que garantiza que niñas y niños con discapacidades tengan acceso a una educación gratuita y apropiada, así como a servicios y apoyos necesarios para tener éxito en la escuela. La ley también protege los derechos de madres, padres y tutoras legales en el proceso de educación especial y establece requisitos para la evaluación, identificación y colocación de niñas y niños con discapacidades.

Si no te dormiste hasta ahora, ¡felicidades! y gracias por la paciencia. Sigamos.

Ojo: cada estado puede acomodar la manera en que ofrece los servicios, siempre y cuando sea para mayor beneficio de nuestros retoños. En otras palabras, no pueden quitarse servicios a nivel estatal si la ley federal los ha garantizado.

3

HABLEMOS DE LAS CATEGORÍAS

La IDEA en Estados Unidos establece 13 categorías de discapacidad que pueden calificar a una niña o niño para recibir servicios de educación especial. Estas categorías son (con una muy simplificada definición de cada una):

1. Trastorno del Espectro Autista (TEA)--- Autism Spectrum Disorder (ASD): Dificultades en la comunicación, interacción social y comportamientos repetitivos.
2. Sordera-Ceguera --- Deaf-Blindness: Combinación de pérdida de audición y visión que afecta la educación.
3. Sordera --- Deafness: Pérdida de la audición debido a pérdida auditiva conductiva y neurosensorial.
4. Discapacidad del Habla o del Lenguaje -- Speech or Language Impairment: Dificultades en la comunicación oral o escrita.

5. **Dificultades de Aprendizaje Específicas--- Specific Learning Disability (SLD):** Dificultades específicas en el aprendizaje académico, como lectura, escritura o matemáticas.

6. **Discapacidad Auditiva--- Hearing impairment:** Pérdida de audición que afecta el rendimiento educativo.

7. **Discapacidad Visual (incluye ceguera)---Visual Impairment (including Blindness):** Pérdida de visión que requiere adaptaciones educativas.

8. **Discapacidad Emocional--- Emotional Disturbance (ED):** Dificultades en el control de las emociones y comportamientos.

9. **Discapacidad Intelectual --Intellectual Disability:** Limitaciones significativas en el funcionamiento intelectual y habilidades adaptativas.

10. **Discapacidad Múltiple --- Multiple Disabilities:** Combinación de discapacidades que afectan el rendimiento educativo.

11. **Traumatismo Craneal ---Traumatic Brain Injury (TBI):** Lesión cerebral que afecta el rendimiento educativo.

12. **Discapacidad Ortopédica--- Orthopedic Impairment:** Limitaciones físicas que afectan la movilidad.

13. **Otro Impedimento de Salud --- Other Health Impairment (OHI):** Problemas de salud que afectan la educación.

Para que una niña o niño sea elegible para recibir servicios de educación especial bajo la IDEA debe cumplir dos criterios principales:

- ■ Debe tener una de las categorías de discapacidad enumeradas.
- ■ La discapacidad debe afectar su habilidad para aprender y progresar en la escuela.

Categorías bajo las cuales mi hijo/a califica

Hay que tener en cuenta que cada niña o niño es único y puede tener necesidades de educación especial diferentes. La evaluación individual inicial completa, que es un proceso en el que se evalúan las necesidades educativas y de apoyo, es fundamental para determinar si una niña o niño es elegible para recibir servicios de educación especial bajo la IDEA.

Importante: Pronto revisaremos el tema de las evaluaciones.

Comentario sobre el término «discapacidad»: Confieso que cuando escuché por primera vez esta palabra asociada a uno de mis hijos, me sentí ofendida, insultada y hasta furiosa. Le dije a la experta que estaba equivocada, que mi hijo no era ningún *discapaz* —hasta inventé palabras por la rabia que sentía—. Ella me explicó que «discapacidad» (*disability* en inglés) no tiene una connotación negativa. Mi reacción tenía origen en la discriminación que había visto en ocasiones en mi país natal, no en las ayudas que ofrecían a mis hijos aquí. Mi aprendizaje es que lo mejor es tomar estas categorías —que no son diagnósticos— como la llave al reino de los servicios de educación especial, del futuro éxito académico y social de hijas e hijos y del apoyo que podemos recibir como mamás.

"¿Qué le diría a una madre que recién recibe el diagnóstico-discapacidad de su hijo?

Llóralo, pero después de que lo analices, a luchar. Es un camino difícil, pero no imposible. Lleno de subidas y bajadas, pero lleno de amor, amor puro e incondicional. El diagnóstico no define a tu hijo, lo definen todos los logros, por muy pequeños que sean".

Patty Rosas-Fierro, mamá de Alejandro, 6 años, dentro del espectro autista.

4

CHILD FIND

¿Child Find? ¿Eso que nos sirve cuando se nos pierden los retoños en el supermercado? No, para nada, aunque bueno sería contar con un botón mágico cuando les decimos que no se alejen porque tenemos las manos ocupadas con mercadería y los muy dichosos se van de todas maneras. Child Find se trata del deber que tienen los distritos escolares de cada estado de Estados Unidos de identificar a las niñas, niños y jóvenes que viven en sus zonas postales (*zip codes*) como posibles beneficiarias y beneficiarios de los servicios de educación especial.

Este proceso de identificación lo puede iniciar la escuela de tu hija o hijo o lo puedes iniciar tú. Si las calificaciones no están bien, si el comportamiento es desafiante, si tú eres la mamá a la que cada día llaman por teléfono, mandan mensajes o hablan cuando recoges a tu hija o hijo, por lo general, para quejarse —vaya, qué no daríamos para que algún día nos dijeran que los retoños tuvieron una buena jornada—, es posible que tengamos problemas y lo mejor es no esconderlos debajo de la alfombra. Créeme que lo intenté y al final lo único que hice fue arruinar la vida familiar, estornudar el día entero por el polvo acumulado de nuestras dificultades.

Entonces ¿cómo inicia el proceso? Nada del otro mundo: escribe un correo electrónico a la maestra de tu niña o niño, con copia a la directora —la "Principal"—. ¿No sabes los correos electrónicos? Puedes ir a la escuela en persona y pedirlos, y así mandar el mensaje escrito.

¿Por qué no te recomiendo que los pidas verbalmente? Porque la Ley de Educación Especial establece plazos estrictos con respecto a cuánto se puede demorar la escuela en responder y, si lo hablas en persona, nadie registra la fecha y la memoria es frágil —no lo sabré yo—. A la hora de revisar, nadie se acuerda de nada. Por eso es muy importante documentar todas las comunicaciones que tienes con la escuela, ya sea mediante correo electrónico o notas a mano —sí, se valen—.

Si no hablas inglés no pasa nada, escribe en español, que los distritos escolares suelen tener traductoras o traductores e intérpretes.

Nota: Adjunto un modelo para solicitar evaluaciones y una bitácora para que apuntes tus comunicaciones con la escuela, en la sección Recursos para ti.

Repaso: ¿Qué aprendí hasta ahora?

5

HABLEMOS DE LOS PLAZOS

Los plazos en educación especial son fechas límite importantes para que educadoras, madres, padres y estudiantes cumplan con ciertas obligaciones y requisitos. Algunos plazos importantes son:

- Child Find: Los distritos escolares tienen la responsabilidad de buscar y evaluar a niñas y niños que puedan necesitar educación especial. Este proceso debe realizarse lo más pronto posible, sin importar si está matriculada o matriculado en una escuela o no.
- Evaluación inicial: Después de que la niña o niño es referido para una evaluación, el distrito escolar tiene una cantidad días limitado para completar la evaluación y determinar si es elegible para recibir servicios de educación especial.

- Reunión IEP: Después de que la niña o niño es elegible para recibir servicios de educación especial, se debe programar una reunión del equipo IEP para desarrollar un plan individualizado de educación.
- Implementación del IEP: El distrito escolar tiene la responsabilidad de proporcionar los servicios y apoyos identificados en el IEP de la niña o niño. Esto debe hacerse tan pronto como sea posible y después de que se haya desarrollado el IEP.
- Reevaluaciones: El distrito escolar debe reevaluar a la niña o niño con discapacidades cada tres años, a menos que las madres y padres y el equipo IEP acuerden lo contrario o no sea necesario.

Es importante que nos comuniquemos con el equipo de educación especial del distrito escolar para conocer los plazos específicos de nuestro estado o región. Si un plazo se pierde, debes hablar con el equipo de educación especial para encontrar una solución y asegurarte de que se tomen las medidas necesarias para el bienestar y el éxito de tu hija o hijo.

De ahí que debamos llevar un registro escrito de nuestras comunicaciones con la escuela, para poder tener claras las fechas y comprobar que los plazos se cumplen.

Ojo: Hablaremos del IEP pronto.

Ojo 2: Cada estado responde a estos plazos de manera diferente, pero todos los estados están sujetos a la ley federal y deben cumplirlos. Por ello, consulta en tu escuela sobre la normativa vigente.

En resumen

Child Find es un componente clave de la Ley de Educación para Individuos con Discapacidades (IDEA) en Estados Unidos. Es un proceso diseñado para identificar y evaluar a niñas y niños con discapacidades, desde el nacimiento hasta los 21 años, que pueden necesitar servicios de educación especial y servicios relacionados.

El objetivo de Child Find es garantizar que todas las niñas y niños con discapacidades tengan acceso a una educación pública, gratuita y apropiada, que les permita alcanzar su máximo potencial.

El proceso de Child Find incluye actividades como la evaluación del desarrollo, la observación en el aula, la revisión de registros médicos y escolares y la consulta con madres, padres, profesionales de la salud y otros proveedores de servicios.

Importante: Si no tienes documentos y crees que tu hija o hijo necesita educación especial, todavía puedes solicitar una evaluación y una posible clasificación bajo la Ley IDEA. No temas.

La IDEA protege la privacidad y confidencialidad de la información de tu hija o hijo y de tu familia, por lo que la escuela no puede compartir información sin tu consentimiento. Por lo tanto, si no tienes documentos, la escuela puede realizar su propia evaluación para determinar si tu hija o hijo necesita servicios de educación especial.

Recuerda que, según la ley federal, todas las escuelas públicas deben proporcionar servicios de educación especial a las niñas y niños que califican, sin importar su situación legal o la de sus madres y padres.

Nota sobre el idioma

De acuerdo con la ley federal IDEA, la información relacionada con la educación especial debe ser proporcionada a madres y padres en su idioma nativo o en otro idioma que puedan comprender con facilidad. Esto se aplica a todos los aspectos de la educación especial, incluyendo la evaluación, la redacción del IEP, las reuniones IEP y cualquier otra comunicación relacionada con la educación especial.

Si el inglés no es tu primer idioma o si no te sientes cómoda comunicándote en inglés, informa a la escuela para que puedan proporcionarte la información en tu lengua.

Además, la escuela puede proporcionar servicios de interpretación o de traducción si es necesario. Estos servicios pueden incluir la presencia de una o un intérprete en las reuniones IEP o la traducción de documentos al idioma que prefieras.

"Busquen una red de apoyo, busquen toda la información que puedan y socialicen junto con su pequeño en los grupos y asociaciones, eso ayuda muchísimo.

Se vale llorar y cuestionar, pero jamás estancarse ahí... Porque un bebé te necesita fuerte y decidida. Nos toca trabajar el doble para que ellos logren sus metas, pero no estamos solas, busca esa red de apoyo y jamás te sientas mal por tener un hijo con diagnóstico o discapacidad, porque Dios jamás se equivoca".

Brenda, mamá orgullosa de Pablito, 4 años, con síndrome de Down.

6

HABLEMOS DE LAS EVALUACIONES

Las evaluaciones son las herramientas que permiten determinar si a nuestro retoño le va mal porque, en vez de descansar, juega a videojuegos en su teléfono —como los míos, que sacaban los aparatos en cuanto me quedaba dormida—, o si hay otro tipo de problema.

También debería echar luces sobre si estos problemas son de tipo permanente o temporal.

Te doy un par de ejemplos:

Un problema temporal es aquel que se resuelve cuando se implementan las ayudas, los apoyos y la habilidad faltante se obtiene.

Un problema permanente es aquel que, no importa cuánto empeño ponga nuestra hija o hijo, las maestras y nosotras mismas, ni cuánto tutor privado, público, castigo, recompensa o fiesta le hagamos, la cosa mejora, pero no se elimina.

Acá te voy a contar algo personal. En el caso de uno de mis niños, la ansiedad es uno de esos problemas que no se resuelven. Hay etapas en que está bastante tranquilo y otras en que las uñas de sus dedos no resisten y van a la guerra a diario. Es algo que sube y baja, pero jamás desaparece. Lo mismo ocurre con dificultades de memoria de trabajo y corto plazo, a ver si podemos guardar la cantidad de números que hace falta para dividir cuarenta mil doscientos entre siete, multiplicar por diez y elevarlo a la quinta potencia. O sea, de solo leer esto me siento cansada, pero eventualmente yo lograría resolver este problema matemático. Cuando hay desafíos en la memoria de trabajo y corto plazo, resolver algo así va a costar muchísimo y, en algunos casos, puede que hasta sea imposible.

Entonces, hay condiciones o modos de ser en el mundo que son permanentes y otros que son temporales. Y las evaluaciones echan luz sobre dónde, cuándo y cómo apuntalar a nuestros querubines. Y a nosotras, a la pasada, que no entendemos por qué la nena o el nene no aprende a leer o escribir o multiplicar ni por qué, si antes leía, ahora no pesca un libro ni por accidente y se manda a diario los berrinches de adolescente consentido que no es. Ay, mira cómo te entiendo.

Cuando comprendí que uno de mis hijos tiene un modo de ser en el mundo que lo acompañará el resto de su vida, dejé de correr los cien metros planos persiguiendo el último tratamiento, el definitivo, el final. Ahora sé que es una maratón y que más me vale no agotarme, porque me toca correr hasta que las velas no ardan y las suelas de los zapatos ya estén gastadas.

Muy bien, como ya me desvié, acá te dejo los datos duros sobre las evaluaciones:

- La primera evaluación se llama evaluación individual inicial completa. El personal de la escuela se refiere a ella como FIE, por sus siglas en inglés (Full Initial Evaluation).
- Las evaluaciones deben repetirse cada tres años. Es muy importante. Imagínate lo que cambian nuestras nenas y nenes en un año, válgame, lo que varía el desarrollo y la madurez en tres años. Por eso tienes que estar atenta a la fecha de la FIE, para que solicites la reevaluación cuando se cumplan los dos años y medio. La solicitud toma tiempo, así podrán programar la reevaluación en el plazo que corresponde.
- La escuela tiene una cierta cantidad de días para llevar a cabo la evaluación. ¿Has oído de evaluaciones que toman uno o dos años? Ha sido falla del distrito escolar. La ley federal establece esa cantidad días y nuestro trabajo como madres es anotar la fecha en que firmamos el documento y aceptamos la evaluación. A partir de entonces, cuenta las jornadas de escuela. Si no cumplen el plazo, te cuento más adelante qué hacer. Pero desde ya te avanzo que debes escribir un correo de inmediato a la directora de la escuela e informar de la situación.

Ojo: Como ya dije, debemos dejar todo por escrito, así es que también agrego recursos en este libro para que puedas empezar el registro del proceso de educación especial de tu querubín.

Un repaso

Una evaluación individual inicial completa es una evaluación exhaustiva y profunda que se realiza a una o un estudiante que podría tener necesidades educativas especiales en Estados Unidos. El objetivo de esta evaluación es recopilar información detallada para entender sus habilidades, necesidades y desafíos.

El proceso de evaluación puede incluir pruebas y evaluaciones formales, observaciones informales, entrevistas con madres, padres, maestras y otras profesionales de la educación, y una revisión del historial educativo de la o el estudiante. También se pueden realizar pruebas psicológicas, si es necesario.

La evaluación individual inicial completa se lleva a cabo por un equipo de profesionales de la educación, que puede incluir psicólogas, trabajadoras sociales, patólogas del habla, terapeutas ocupacionales, fisioterapeutas, entre otras especialistas. El equipo trabaja en estrecha colaboración con madres y padres para que se consideren todas sus preocupaciones y necesidades.

Después de completar la evaluación, se elabora un informe detallado que resume los resultados y recomendaciones. Este informe se utiliza para desarrollar un plan educativo individualizado (Individualized Education Plan o IEP, por sus siglas en inglés) que aborda las necesidades educativas especiales de la niña o niño.

La evaluación individual inicial completa es un paso importante en el proceso de educación especial en Estados Unidos, ya que ayuda a asegurar que las niñas y niños reciban los servicios y el apoyo adecuados que necesitan para tener éxito en la escuela y en la vida. Si tienes alguna pregunta o inquietud acerca de este proceso, no dudes en hablar con las y los profesionales de educación especial de tu escuela o distrito escolar. Pueden trabajar juntas para garantizar que tu hija o hijo tenga acceso a los recursos necesarios para tener éxito.

Ojo 2: el plazo para ejecutar la evaluación varía por cada estado, de tal manera que lo más recomendable es consultar en tu escuela. Siempre y cuando no exceda el plazo federal para evaluar.

7

REVISIÓN DE LOS RESULTADOS

Esto es casi como estar de nuevo en clases de estadísticas, así que ojalá puedas pedir los resultados antes de la reunión en la que te van a explicar la sábana de números, porcentajes y percentiles en los que tu retoño se ubica.

Los resultados de la evaluación individual en educación especial deben ser explicados por el equipo de educación especial de la escuela de tu hija o hijo. Este equipo está compuesto y puede incluir una maestra o maestro de educación especial, una psicóloga o psicólogo escolar y una coordinadora o coordinador de educación especial.

En la reunión IEP, el equipo de educación especial debe proporcionar una explicación completa y detallada de los resultados y cómo estos resultados se relacionan con las necesidades educativas. El equipo también debe discutir las recomendaciones de servicios y apoyos adicionales necesarios para ayudar a tu hija o hijo a alcanzar sus metas educativas.

Es importante que participes de manera activa en la reunión IEP y que plantees todas las preguntas que han quedado sin responder o sin suficiente claridad. No hay preguntas tontas ni malas. Recuerda que eres una miembro importante del equipo de educación especial y que tus preguntas y preocupaciones son parte valiosa del proceso de toma de decisiones.

Cuando el equipo de educación especial te explique los resultados de la evaluación individual y las recomendaciones para tu hija o hijo, es importante que prestes atención a lo siguiente:

- Fortalezas y debilidades: Asegúrate de entender las fortalezas y debilidades de tu hija o hijo en diferentes áreas, como la lectura, la escritura, la matemática y el comportamiento. Esto te ayudará a tener una idea clara de las necesidades educativas.
- Niveles de rendimiento: Presta atención a los niveles de rendimiento, es decir, cómo y cuánto tu hija o hijo domina las materias o habilidades de acuerdo a su grado y edad.
- Metas y objetivos: Asegúrate de entender las metas y objetivos específicos que se han establecido para tu hija o hijo en el plan individualizado de educación (IEP). Esto te ayudará a determinar si las recomendaciones

del equipo de educación especial son apropiadas para ayudar a tu hija o hijo a alcanzar sus metas.

■ Servicios y apoyos adicionales: Asegúrate de entender los servicios y apoyos adicionales que se han recomendado para tu nena o nene, como terapia ocupacional, terapia del habla o tutorías. Esto te ayudará a entender cómo se planea su apoyo para que tenga éxito en la escuela.

Ojo: El objetivo principal de esta reunión es revisar los resultados. Después de la reunión, o en la misma, se inicia la creación del IEP.

Ojo con Texas: Las reuniones IEP se llaman ARD, por las iniciales que corresponden a Admission, Review and Dismissal. El objetivo es el mismo y obedecen a la misma Ley IDEA.

Testimonio: Logros y Consejo

"En este camino siempre tenemos que tomar las cosas un día a la vez, pequeños pasitos. El mayor logro que hemos tenido con mi hija, es que se graduara de High School, que haya terminado su instrucción oficial y desarrolle sus habilidades para ser cada día más independiente. Quiero decirle a otras madres que cuando recibes un diagnóstico la vida no se acaba, no termina. Uno siente que la vida se le va, que nunca más vas a sonreír o tener una cita para ir al cine con tu pareja, que siempre estarás atada al niño. No es cierto. Es un reto de forma distinta. Pero hay cosas que salen, se pueden, uno da la capacidad. uno se convierte en esa persona extraordinaria. Es una prueba pero la vida no se termina. Uno puede ser igual de feliz, estos niños nos llenan la vida de alegría y de una satisfacción increíble al ver los logros que pueden ir alcanzando".

Marcela F., madre de una joven de 19 años, con síndrome de Down.

"El mayor desafío ha sido enseñarle a mi hijo a manejar sus emociones, eso es algo que todavía estamos trabajando en consejería. Me siento muy orgullosa de él porque sé que es muy inteligente, sabe mucho de motor de carros y pintar. Sé que algún día llegará a ser un gran artista.

Con mi hijo he aprendido a dar amor incondicional, tener paciencia, ser fuerte y no rendirme ante las situaciones difíciles.

Nadie sabe qué tan fuerte es hasta que tiene que superar tiempos difíciles y no hay nada imposible cuando lo hacemos con amor".

Alba Velásquez, madre de un joven de 15 años con diagnóstico de autismo, trastorno de desregulación disruptiva del estado de ánimo (DMDD) y asma.

8

EVALUACIÓN INDEPENDIENTE

A veces, y más seguido de lo que imaginamos, no estamos de acuerdo con los resultados que nos presentan o con las evaluaciones de nuestras hijas e hijos. Y es que las evaluaciones son como una fotografía: a esta edad y en este grado, nuestra nena o nene está de tal y cual manera.

Te doy un ejemplo muy sencillo. La persona encargada de presentar los resultados explica que tu hija o hijo se comunica con oraciones complejas y puede leer y escribir sin mayores dificultades. Sin embargo, en casa no muestra esas habilidades, y eso que tú estás pendiente y estimulas a la nena o nene para que lo haga. ¿Por qué tanta diferencia? Si en la reunión te presentan resultados muy buenos, pero no ves lo mismo en casa, puedes pedir que ofrezcan muestras de su trabajo en las que se compruebe lo que dicen. Si no las pueden producir, entonces solicita una evaluación independiente. Es decir, si no estás de acuerdo con los resultados de la evaluación inicial, porque muestran una «fotografía» demasiado alejada de la realidad, tienes derecho a solicitar una revisión de la evaluación. Este proceso se llama evaluación independiente.

La revisión de la evaluación es un proceso en el que una evaluadora o evaluador independiente y neutral realiza una evaluación completa y objetiva de la niña o niño. La evaluación independiente es pagada por la agencia de educación estatal y puede ser solicitada por madres, padres o tutoras.

Para solicitar una evaluación independiente, debes comunicarte por escrito con el equipo de la escuela de tu hija o hijo y expresar tu desacuerdo con los resultados de la evaluación inicial. El equipo de educación especial tiene la opción de defender los resultados o proporcionarte información sobre cómo proceder y los plazos para hacerlo.

Es importante tener en cuenta que el proceso de evaluación independiente es un medio para resolver las diferencias en la evaluación, pero no reemplaza el proceso de resolución de conflictos establecido por la IDEA. Si después de la revisión de la evaluación todavía no se llega a un acuerdo, puedes utilizar otros medios para resolver el problema. Más adelante hablaremos sobre este proceso.

Repaso: ¿Qué aprendí hasta ahora?

9

EL IEP BAJO LUPA

La reunión del IEP (Individualized Education Program, por sus siglas en inglés) es una reunión en la que se desarrolla el plan educativo individualizado de una o un estudiante con discapacidad en Estados Unidos, según lo establece la Ley de Educación para Personas con Discapacidades (IDEA).

En esta reunión participan varias personas:

- Las madres, padres o tutoras legales.
- La o el estudiante, si es apropiado y si tiene edad suficiente para participar en la toma de decisiones.
- Al menos una maestra o maestro regular de la niña o niño (si participará en un entorno educativo general).
- Al menos una maestra o maestro especializado en educación especial con experiencia en el área de discapacidad.

- Una o un representante de la escuela que pueda tomar decisiones y con autoridad para garantizar que se cumpla el plan del IEP.
- Una o un especialista en evaluación o psicóloga escolar que pueda proporcionar información sobre las necesidades educativas de la niña o niño.
- Cualquier otra u otro profesional que tenga conocimiento o experiencia en las necesidades educativas de la niña o niño y que las madres, padres o la escuela deseen invitar, como una terapeuta ocupacional o una logopeda.

Este plan individualizado se convierte en un documento escrito que describe los objetivos educativos específicos que se establecen para tu hija o hijo, así como los servicios y apoyos que se utilizarán para alcanzar esos objetivos. Estos servicios y apoyos pueden incluir modificaciones en el aula, tecnología de asistencia, terapia y servicios de transporte, entre otros.

Preguntas útiles

¿Tengo una copia del IEP vigente de mi hijo/a?

¿Me lo dieron en un idioma que yo puedo entender?

Ojo: Tú puedes invitar a la reunión a quienes estimes conveniente. Solo debes informar a la escuela para firmar las autorizaciones necesarias. Pero no deberían negarle la participación a tus invitados, en especial si aportarán datos y conocimiento que beneficiarán al equipo y a tu hijo/hija.

"Dice mi marido que tengo `attention to detail` (atención al detalle). Presto atención al mínimo detalle. Sofi-lu no puede expresarse y desde que ella era una infante, yo ponía mucha atención a sus gestos, su mirada y todo a su alrededor. Yo digo que "Me pongo en sus zapatos". Eso y más aparte la súper PACIENCIA de mi marido nos han ayudado a llevar a nuestra nena al camino del éxito.

A otras mamás en situación parecida, les diría: No te culpes por querer un tiempo para ti sola. No te culpes de la condición de tu hijo. A muchos les cuesta trabajo aceptarlo y es importante pedir ayuda psicológica".

Lucía, madre de Sofi-lu, joven con diagnóstico de autismo.

10

CITA PARA LA REUNIÓN IEP

La reunión IEP, o reunión del plan individualizado de educación, es una reunión que se realiza una vez al año, como mínimo, entre un equipo de profesionales de la educación, madres y padres y, en algunos casos, la o el estudiante. El propósito de esta reunión es revisar y discutir el progreso de la niña o niño en relación a su IEP.

Durante la reunión IEP se repasan los objetivos y metas que se establecieron en el IEP anterior, se discute si se han cumplido o no y si es necesario hacer ajustes. También se revisa el progreso académico y social, se evalúan sus fortalezas y debilidades, y se discuten las necesidades actuales y futuras.

La reunión IEP es una oportunidad para que compartas cualquier inquietud o preocupación sobre el progreso de tu hija o hijo y para que el equipo de educación especial ofrezca sugerencias y recomendaciones para ayudar a alcanzar sus objetivos.

Si es necesario, se pueden hacer cambios en el IEP. Por ejemplo, se pueden hacer ajustes en los servicios o apoyos que recibe tu hija o hijo o se pueden agregar nuevos objetivos y metas. Es importante que te sientas cómoda al hablar y al preguntar durante la reunión, ya que es una oportunidad importante para trabajar de manera conjunta y exitosa.

Las reuniones IEP pueden ser intimidantes. No lo sabré yo, que cada vez que iba me parecía que estaba en presencia de un grupo de magistradas y magistrados listos para juzgarme. El clima siempre era cordial, pero al no conocer mis derechos veo ahora que yo no participaba de igual a igual en la mesa. Y siempre lloraba, ¡hay que ver! Lo mejor es que te prepares de antemano, sepas que tienes voz y voto y, si hay que llorar, que sea antes o después. Ahora siempre lloro después y me como un chocolate de regreso a casa. Necesitas encontrar lo que te sirva y te ayude.

Prepararse y estar informada es fundamental para una reunión provechosa.

Ojo: Recuerda que, si no hablas inglés o no te sientes segura del todo con el idioma, tienes derecho a pedir una traductora, traductor o intérprete. Es parte de la Ley IDEA. Pídelo cuando

respondas que sí asistirás a la reunión, para que la escuela
tenga tiempo de organizar su presencia.

El aviso por escrito

La escuela nos debe notificar con anticipación sobre la fecha, hora y lugar de la reunión IEP. Por lo general, esto se hace a través de una carta impresa o un correo electrónico. Podrían llamar para comunicarte la información, pero la llamada siempre debe ir acompañada del documento formal. También pueden enviar un formulario de consentimiento para que lo firmes y lo devuelvas, confirmando que puedes asistir a la reunión.

El número de días previo puede variar de estado en estado, mientras que sea prudente. Que te dé oportunidad de organizarte.

Es fundamental que confirmes tu asistencia a la reunión y que estés presente. Si no puedes asistir en la fecha y hora propuestas, debes comunicarte con la escuela para reprogramar la reunión en una fecha que te acomode. Si no te comunicas por sí o por no, la escuela realizará la reunión en tu ausencia.

Es posible que la escuela también te envíe información previa a la reunión IEP, como la evaluación individualizada de tu hija o hijo y los objetivos y servicios propuestos. Revisa toda la información y haz una lista de preguntas o inquietudes para llevar a la reunión IEP.

Recuerda que la reunión IEP es una oportunidad para colaborar con el equipo de educación especial de la escuela y asegurarte de que las necesidades de tu hija o hijo sean atendidas de manera adecuada. No dudes en expresar tus preocupaciones y hacer preguntas durante la reunión para que puedas tomar decisiones informadas sobre la educación de tu hija o hijo.

Importante: El comité debe informarte por escrito de cuándo propone evaluar a tu hija o hijo (o si tú lo has pedido) y de cuándo te invitan a reuniones IEP y/o a la revisión de los resultados de las evaluaciones.

Si no puedes asistir a la reunión IEP, es importante que lo comuniques lo antes posible a la escuela y que trates de reprogramar la reunión para una fecha en la que puedas asistir. La escuela debe hacer todo lo posible para acomodar tus necesidades y reprogramar la reunión.

Si no puedes asistir a la reunión IEP, puedes enviar a una o un representante en tu nombre, como un familiar, amiga o amigo de confianza. Basta con informar quién asistirá y dar el consentimiento de que alguien estará presente en tu lugar.

También puedes participar en la reunión por teléfono o videoconferencia, no hay impedimento en la ley para participar de este modo.

Es importante que tengas en cuenta que la reunión IEP es una oportunidad para colaborar con el equipo de educación especial de la escuela y asegurarte de que las necesidades de tu hija o hijo sean atendidas de manera adecuada. Si no puedes asistir a la reunión, asegúrate de estar en contacto con la escuela y hacer preguntas sobre cualquier decisión tomada en tu ausencia.

Y siempre, siempre, puedes reprogramar para estar presente en la reunión. No es buena práctica no involucrarnos en la educación de nuestros querubines, en especial si la Ley IDEA nos da un papel principal.

Importante: No hay un número fijo de reuniones de IEP que se puedan tener en un año escolar, ya que el número de reuniones dependerá de las necesidades individuales de la niña o niño y del progreso que haga en su plan de educación especial. Según la Ley IDEA, se debe llevar a cabo una reunión de

IEP al menos una vez al año para revisar y actualizar el plan de educación especial.

Ojo: Recuerda que puedes pedir el borrador del IEP antes de la junta, para que no estés desprevenida y/o desinformada.

Ojo 2: Hago hincapié en la palabra "borrador", el IEP no es un documento tallado en piedra, sino que es dinámico y modificable.

Preguntas útiles

¿Cuándo fue mi última reunión IEP?

¿Cuándo será la próxima reunión?

¿Tuve ocasión de revisar el IEP vigente de mi hijo/a antes de la reunión?

11

ENTREGA DE LOS SERVICIOS

Los servicios que se pueden incluir en un IEP varían según las necesidades específicas de la niña o niño, pero pueden incluir:

- Servicios de apoyo académico: tutoras y tutores, maestras y maestros de apoyo, asistentes de enseñanza y programas especiales para ayudar a alcanzar los objetivos académicos.
- Servicios de terapia: terapia del habla, terapia ocupacional o terapia física para ayudar a desarrollar habilidades y capacidades específicas.
- Servicios de apoyo emocional y social: asesoramiento, entrenamiento en habilidades sociales y de comportamiento, y asistencia para ayudar a desarrollar habilidades interpersonales y emocionales.

- Adaptaciones y modificaciones de la enseñanza: ajustes en el plan de estudios, enseñanza en grupos pequeños, provisión de materiales en formatos alternativos, extensión de los plazos de entrega y otros cambios en el entorno de aprendizaje que puedan ayudar a tener éxito.
- Servicios de transporte: transporte escolar para llevar a la niña o niño a la escuela y a otros servicios de educación especial.

Cada estudiante es única y único, por lo que los servicios que se incluyen en un IEP se adaptarán a sus necesidades individuales. La meta es proporcionar los apoyos y servicios necesarios para permitir su progreso académico y alcanzar su máximo potencial.

Importante: La educación especial en Estados Unidos es un concepto, un ideal, no es algo físico. No es un salón ni edificio específico. Cuando te hablen de educación especial, evita pensar que tu hija o hijo estará en una sala separada del resto y que nunca interactuará con el resto de compañeras y compañeros de escuela. Esa no es la idea de la IDEA.

Todo lo contrario, se establece que hay que empezar por el ambiente menos restringido posible, es decir, en el salón de clases de educación general, y ver si allí se pueden implementar las ayudas para que tu hija o hijo tenga éxito en la escuela.

Es cierto que las escuelas tienen salones autocontenidos —así les llaman—, donde están las chiquitas y chiquitos con impedimentos muy serios, pero no es la primera opción que te deben ofrecer. Recuerda esto la próxima vez que estés en tu reunión IEP. Consulta si se te ofrece la opción menos restrictiva posible, para que haya aprovechamiento académico y social.

Asimismo, las ubicaciones de tu hija o hijo variarán a partir de sus realidades y avances específicos.

Testimonio: Logros y Desafíos

"Mi mayor logro como madre de un niño dentro del espectro autista, ha sido vencer los tabúes que nuestra sociedad nos ha enseñado.

Nada es imposible, nunca te canses de luchar por tener lo mejor para tus hijos, nosotras somos sus voces, y sus defensoras, así es que ellos serán el reconocimiento de tus esfuerzos.

Dentro de los desafíos, enfrentamos el mal trato y el desprecio de la familia de mi esposo. Lo superamos alejándonos de ellos, mi hijo no está "malito, tontito" ni todos esos adjetivos que le han puesto. Preferimos alejarnos de las personas que no suman a nuestra familia".

Patty Rosas-Fierro, mamá de Alejandro, 6 años, dentro del espectro autista.

12

¿Y ESTE ASUNTO DEL IEP FUNCIONA?

Muy buena pregunta. Todas debemos preguntarnos esto de vez en cuando: al recibir los reportes de notas cada seis, nueve semanas o según el calendario de tu escuela; al recibir un aviso de la escuela de que la chiquilla o chiquillo sacó una mala calificación; si la maestra informa que habrá tutoría adicional. Tenemos muchas oportunidades para ver si el asunto del IEP funciona y, si no, tomar acciones para remediarlo.

En términos más formales, el progreso en el IEP se comprueba a través de una variedad de métodos de evaluación y herramientas de medición específicas para cada niña y niño y sus necesidades individuales. Estos métodos y herramientas de evaluación se basan en los objetivos y metas establecidos en su IEP.

Por ejemplo:

- Observaciones de la maestra, maestro y personal de la escuela en diferentes situaciones y ambientes de aprendizaje
- Pruebas y exámenes para medir el conocimiento y las habilidades en áreas específicas de aprendizaje
- Medición de los logros en áreas de habilidades funcionales, como la comunicación, la movilidad, la socialización y las habilidades de la vida diaria
- Evaluación continua del progreso de la niña o niño y ajuste del IEP en consecuencia

Una vez que se realizan estas evaluaciones, el personal de la escuela revisa los resultados y los utiliza para hacer ajustes al IEP según sea necesario. Si se determina que la niña o niño no progresa de manera adecuada hacia sus objetivos y metas, se pueden hacer cambios en el IEP para abordar sus necesidades y ayudar en su éxito. Necesitas siempre estar atenta, porque las maestras y maestros tienen 20 o 25 chiquitas y chiquitos por salón, mientras que nosotras tenemos un repollito hermoso y lo conocemos mejor que nadie.

Si no vemos progreso, debemos activar la alarma. Un correo amable a la directora (la "Principal") y a la profesora del salón es una excelente herramienta para dar a conocer nuestras inquietudes.

La revisión del IEP es una parte importante del proceso de educación especial, ya que permite a madres, padres, maestras y otros miembros del equipo del IEP colaborar en el éxito de la niña o niño y asegurar que sus necesidades educativas sean atendidas de manera adecuada. En general, la revisión del IEP debe realizarse al menos una vez al año, pero puede ser más frecuente si es necesario para evaluar el progreso o hacer ajustes en los servicios.

Importante: No hay una cantidad limitada de reuniones IEP. Puedes solicitar una junta cuando haya algún cambio importante, temas de salud nuevos, diagnósticos actualizados, etcétera.

¿Qué aprendí hasta ahora?

13

¿QUÉ ES LA REEVALUACIÓN?

La Ley de Educación para Individuos con Discapacidades (IDEA) requiere que las escuelas realicen una reevaluación periódica de las y los estudiantes que reciben servicios de educación especial. La frecuencia de estas reevaluaciones completas es cada tres años, pero también puede variar en función de las necesidades de la niña o niño y del tipo de discapacidad que tenga.

En general, la IDEA establece que las escuelas deben reevaluar a las niñas y niños al menos una vez cada tres años para determinar si todavía son elegibles para recibir servicios de educación especial y para determinar si sus necesidades educativas y de apoyo han cambiado. Sin embargo, las escuelas también pueden llevar a cabo reevaluaciones más frecuentes si hay razones para hacerlo, como cambios

significativos en el comportamiento o en el rendimiento
académico.

Importante: Si alguna vez sientes que te quieren disuadir de
hacer una reevaluación, recuerda que te corresponde por ley
cada tres años. Insiste sin temor, porque la información nueva
guiará de mejor manera la hoja de ruta de tu querubín.

Preguntas útiles

¿Cuándo fue la última evaluación de mi hijo/a?

¿Tengo una copia de los resultados de la última
evaluación?, si no, ¿sé a quién pedírselos?

¿Entiendo los resultados?, si no, ¿a quién puedo
pedir ayudar?

¿Cuándo le corresponde la próxima evaluación a mi hijo/a?

"El mayor logro es que me hijo aprendió a expresarse y ahora él puede tener una conversación, aunque sea corta. Para cuidarme, cada cierto tiempo voy a terapias, porque sé que la salud mental es muy importante y también voy a caminar a la montaña.
A las madres que apenas están recibiendo esta noticia, les diría que el amor de madre es inmenso y que obtengan toda la información posible. Eso les ayudará a entender cómo ayudar a su hijo".

Alba Velásquez, madre de un joven de 15 años con diagnóstico de autismo, trastorno de desregulación disruptiva del estado de ánimo (DMDD) y asma.

Testimonio: Autocuidado

"Es bueno tener algo que nos haga felices a nosotras mismas, que sea un universo aparte del de nuestro niño o niña con discapacidad. En mi caso es la escritura. Es importantísimo tener un universo que nos haga felices, un hobby, una profesión, un sueño. Tener un sueño que nos haga levantarnos por la mañana. Tener un mundo aparte que es bien importante porque nos va a sacar de esta rutina de la discapacidad. Yo me he refugiado mucho en el mundo de la escritura, la lectura, y ese es mi mundo, que el resto de la familia respeta y sabe que yo necesito mi espacio y mi tiempo para poder ser yo."

Marcela F. , madre de una joven de 19 años con síndrome de Down.

14

¿Y SI TODAVÍA NO ESTOY DE ACUERDO?

Tienes que saber que no eres la primera ni la única madre en sentir que el IEP, las acomodaciones y las intervenciones no dan resultados. Según la IDEA, se promueve la resolución de problemas a través del proceso de colaboración entre madres, padres, educadoras y profesionales de la educación especial. Cuando surgen problemas en relación a la educación de estudiantes con discapacidad, la IDEA establece un proceso de resolución de conflictos que puede involucrar lo siguiente:

- Discusión informal: Las partes involucradas en el problema se reúnen para discutir la situación y tratar de encontrar una solución sin recurrir a procesos más formales.

- Mediación: Una mediadora o mediador imparcial y entrenado en el proceso de mediación trabaja con las partes involucradas para llegar a un acuerdo mutuo.
- Procedimiento de queja escrita: Una queja escrita es una forma en que una madre, padre o tutora puede presentar un problema o queja relacionada con la educación de una niña o niño con discapacidad. La queja se presenta ante la agencia estatal de educación y se investiga para determinar si hay alguna violación a la Ley IDEA.
- Audiencia de debido proceso: Si la mediación no logra resolver el problema, las partes pueden solicitar una audiencia de debido proceso. Esta es una audiencia formal que se lleva a cabo ante una jueza o juez administrativo imparcial y en la que se presentan evidencias y testimonios. La jueza o juez toma una decisión basada en las pruebas y emite una orden vinculante para todas las partes involucradas.

Es importante destacar que, en todos los procesos de resolución de conflictos, el objetivo es encontrar una solución que satisfaga las necesidades de la niña o niño y promueva su éxito académico.

Ojo: La audiencia de debido proceso es una instancia legal, para la cual tendrás que contar con los servicios de una abogada o abogado que pueda practicar en el estado en el que resides. Los gastos y costes de esta instancia van a ser de tu responsabilidad.

Por eso, lo mejor es intentar encontrar acuerdos en las etapas anteriores. No digo que no haya que hacerlo si el caso lo amerita, pero sí digo que con miel se atraen más amistades. A veces basta con sonreír, conversar, ser cordial y resolver las diferencias de opiniones de manera amistosa, en vez de con actitud de guerra.

Ojo 2: Yo sé bien cómo se siente. Esto es fácil de decir, pero difícil de aplicar. Somos mamás listas para dar la pelea por nuestros cachorros, pero el temperamento combativo no aporta. Nuestras opiniones tampoco. Necesitamos documentarnos, tener datos duros, hechos, información, para poder presentar nuestros puntos de vista de manera profesional.

Nota: Existen organizaciones sin fines de lucro en todos los estados de Estados Unidos, listas y dispuestas a ayudarte a entender la ley, tus derechos y cómo prepararte para las reuniones IEP con el objetivo de resolver los problemas de manera expedita. Mira la lista de recursos para que puedas encontrar tu agencia estatal.

A veces basta con limar asperezas en la primera oportunidad y no dejar que el problema, la tensión y los resentimientos se acumulen hasta teñir de gris las conversaciones.

Sugerencia: Lo pasado, pisado. Hubo un problema, se abordó y se superó. Déjalo atrás, no lo lleves de paseo ni de visita a las reuniones. No te ayudará a estar tranquila y optimista.

¿Te preocupa que tomen represalias en contra de tu retoño? Recuerda que está protegida o protegido por la ley federal. Si sufre represalias, acude a las instancias de resolución de conflictos explicadas en esta sección. Sin embargo, déjame decirte que en los años que llevo en esto han sido contados con los dedos los casos en los que ha habido represalias y se han resuelto de manera positiva.

15

EXTRA: UN VISTAZO AL 504

Un plan 504 es un plan diseñado para apoyar a estudiantes con discapacidades que afectan su competencia para aprender y participar en la escuela. El plan recibe su nombre de la sección 504 de la Ley de Rehabilitación de 1973 en Estados Unidos, que protege a las personas con discapacidades de la discriminación en programas y actividades financiadas por el gobierno federal. En inglés, la ley se llama American with Disabilities Act (conocida como ADA, por sus siglas).

A diferencia del Plan de Educación Individualizado (IEP), que se centra en estudiantes que requieren educación especial, un plan 504 se enfoca en la eliminación de barreras que pueden impedir que estudiantes con discapacidades participen plenamente en el ambiente educativo general. Por ejemplo, una niña o niño con una discapacidad física podría necesitar un plan 504 que incluya rampas, elevadores o un espacio de estacionamiento especial para moverse por la escuela.

El plan 504 es desarrollado por un equipo de profesionales de la educación, madres y padres y, en algunos casos, la o el estudiante. El plan describe sus necesidades y los apoyos y servicios que se deben proporcionar para asegurarse de que tenga las mismas oportunidades educativas que sus compañeras y compañeros sin discapacidades. Los apoyos y servicios pueden incluir adaptaciones en el salón de clases, ajustes en el horario, modificaciones en el trabajo escolar o cualquier otro tipo de apoyo que necesite para tener éxito.

Ambos planes son herramientas importantes para ayudar a estudiantes con discapacidades a tener éxito en la escuela, pero hay algunas diferencias clave. El Plan de Educación Individualizado (IEP), que deriva de la Ley IDEA, se centra en niñas y niños que requieren educación especial, mientras que el plan 504 se enfoca en eliminar las barreras que impiden que niñas y niños con discapacidades participen plenamente en el ambiente educativo general.

El IEP es un plan personalizado que establece objetivos y metas específicas, y describe los servicios y apoyos que se deben proporcionar para ayudar a la niña o niño a alcanzar esos objetivos. Estos servicios y apoyos pueden incluir educación especial, servicios de terapia y otros servicios relacionados.

El IEP y el plan 504 son dos herramientas importantes para ayudar a niñas y niños con discapacidades a tener éxito en la escuela. Mientras que el IEP se enfoca en establecer objetivos y metas específicas y en proporcionar servicios y apoyos de educación especial, el plan 504 se enfoca en eliminar las barreras y en proporcionar apoyos y servicios para asegurar las mismas oportunidades educativas que sus compañeras y compañeros sin discapacidades.

Repaso

- El plan 504 viene de la ley ADA.
- El IEP viene de la ley IDEA.

Ambas leyes aspiran a prevenir la discriminación hacia las personas con discapacidades, siendo IDEA exclusiva y extensa en el tema educativo.

Testimonio: Desafíos y Cualidades

"Uno de mis mayores desafíos ha sido maternar en solitario y lo estoy superando, primero que nada agarrándome a mi Fe y otra muy importante, apoyándome en mi Pequeña Familia que son mis padres: Javier Chacón y Guadalupe Chacón. Ellos jamás nos dejaron solos a mi pequeño Pablito ni a mí.
Dentro de mis cualidades, creo que el dejar que él sea él. No limitarlo y mucho menos sobreprotegerlo. Lo dejo que explore y jamás lo fuerzo a hacer algo que él no quiere."

Brenda, mamá orgullosa de Pablito, 4 años, con síndrome de Down.

16

ALGUNOS CONCEPTOS CLAVES –O SOPA DE LETRAS–

LRE

LRE significa Least Restrictive Environment, que en español se traduce como Entorno Menos Restrictivo. Este término se refiere a uno de los principios fundamentales de la Ley IDEA en Estados Unidos.

El principio LRE establece que niñas y niños con discapacidades deben recibir su educación en el entorno educativo menos restrictivo posible y apropiado para satisfacer sus necesidades individuales. Esto significa que deben tener la oportunidad de aprender y participar en las mismas actividades y en el mismo lugar que niñas y niños sin discapacidades, siempre que sea posible.

Sin embargo, en algunos casos, puede ser necesario que las niñas y niños con discapacidades reciban servicios de educación especial en entornos más restrictivos, como en una clase especializada o en una escuela especial. En estos casos, las escuelas deben hacer todo lo posible para garantizar que el entorno educativo sea lo menos restrictivo posible y proporcionar una transición gradual hacia un entorno más inclusivo, siempre que sea apropiado y posible.

FBA

FBA son las siglas en inglés de Functional Behavior Assessment, que en español se traduce como Evaluación Funcional del Comportamiento. FBA es un proceso sistemático que se utiliza en educación especial para comprender por qué una o un estudiante puede estar mostrando un comportamiento inapropiado o desafiante en la escuela y para desarrollar estrategias que ayuden a cambiar su comportamiento.

Durante una evaluación funcional del comportamiento, un equipo de educadoras y educadores, especialistas en comportamiento y otras profesionales trabajan en conjunto para observar y recopilar datos sobre el comportamiento de la niña o niño. El equipo también puede realizar entrevistas con la o el estudiante, las madres y otras profesionales para obtener más información sobre el comportamiento y las posibles causas subyacentes.

Una vez que se han recopilado los datos, el equipo utiliza un proceso de análisis para determinar las causas subyacentes del comportamiento. Esto puede incluir factores como problemas de comunicación, necesidades emocionales no satisfechas, dificultades de aprendizaje, problemas de salud mental o problemas en el entorno. Con esta información, el equipo puede desarrollar un plan de intervención para ayudar a cambiar su comportamiento y mejorar su éxito académico y social.

Ojo: una FBA es también una evaluación que se enfoca en el comportamiento de nuestros querubines. A diferencia de las evaluaciones completas, que se deben repetir cada tres años, puedes solicitar una FBA cuango observes cambios en la conducta de tu hijo o hija, situaciones de estrés, rupturas o fallecimientos, aquellos eventos vitales que nos ponen patas arriba a las adultas, con mayor razón a nuestros retoños. Esos cambios afectan su desempeño académico, de tal modo que deben ser estudiados para poder apoyar a nuestros chiquillos y chiqullas de la mejor forma posible.

FAPE

FAPE es el acrónimo en inglés de Free Appropriate Public Education, que se puede traducir como Educación Pública Gratuita y Apropiada. Se trata de un principio fundamental en la educación especial en Estados Unidos, establecido por la Ley IDEA.

El FAPE garantiza que niñas y niños con discapacidades tengan acceso a una educación pública y gratuita que se adapte a sus necesidades individuales. Esto implica que se brinden servicios y apoyos especiales para permitirles participar y progresar en la educación de manera significativa.

El objetivo del FAPE es asegurar que ninguna niña ni niño con discapacidad sea excluida ni excluido de recibir una educación adecuada y que se les brinden las mismas oportunidades educativas que a sus compañeras y compañeros sin discapacidades.

El término «apropiada» puede ser un poco confuso. Como mamá, tiendo a pensar en qué es lo mejor para mis hijos. Pero la ley no dice «mejor», sino que «apropiada». Atención, entonces, cuando a veces demandamos algo que creemos que es lo mejor, pero la escuela nos dice que no es lo más apropiado. Esto es difícil de procesar, a mí me costó un buen rato, pero al final debemos saber que la escuela está cumpliendo la ley si se asegura de que nuestros querubines reciben lo apropiado, para no empantanarnos en una discusión que quizá no vamos a ganar.

PTI

Los PTI (Parent Training and Information Centers) son organizaciones sin fines de lucro financiadas por el gobierno federal de Estados Unidos a través de la Ley IDEA. Los servicios que ofrecen los PTI son gratuitos para madres, padres y tutoras de niñas y niños con discapacidades y para profesionales de la educación que trabajan con ellas y ellos. Los PTI proporcionan información, capacitación y apoyo para ayudar a entender y navegar el sistema de educación especial y abogar por las necesidades de tus hijas e hijos.

"Somos mexicanos de origen y llegamos hace 14 años ya casi, mi hija llegó de 6 añitos y aunque había asistido a colegio bilingüe en la ciudad de México, para ella fue un gran desafío el cambio de idioma y cuando la enrolamos en el programa escolar, nos solicitó la directora que cambiáramos el idioma oficial de nuestra casa al inglés.

Pero nosotros nos negamos. Yo me puse firme, dije que mi niña sí puede, yo no voy a negarle a mis hijas el regalo de ser biligües, así es que en la casa se va a seguir hablando en español. Ahora la niña es totalmente bilingüe, entiende todo tanto en español como en inglés y eso es un logro que me da mucho orgullo.

Nuestros hijos e hijas pueden lograr muchas cosas cuando una tiene las expectativas altas, cuando una confía en ellos y les da todas las herramientes para lograr lo que se proponen".

Marcela F., hija de 19 años. con síndrome de Down.

17

DIFERENCIA ENTRE PTI Y ABOGADAS Y ABOGADOS

Los PTI (Parent Training and Information Centers) y las abogadas y abogados de educación especial tienen diferentes roles y responsabilidades. Los PTI son organizaciones sin fines de lucro financiadas por el Departamento de Educación de Estados Unidos para proporcionar información, apoyo y capacitación a madres y padres de niñas y niños con necesidades especiales. Los PTI ayudan a comprender las leyes y regulaciones de educación especial, a navegar por el sistema educativo y a trabajar con maestras y maestros y con la administración escolar para asegurarse de que tus hijas e hijos reciban una educación adecuada y apropiada.

Por otro lado, las abogadas y abogados de educación especial son profesionales legalmente capacitados que trabajan para representar los derechos y necesidades de estudiantes con discapacidades y sus familias en el sistema escolar. Las abogadas y abogados de educación especial brindan asesoramiento legal, asistencia en la elaboración de documentos legales y representación en audiencias y procedimientos legales. Por lo general, cobran por sus servicios, a menos que trabajen en modalidad «pro bono», es decir, como ayuda comunitaria.

En resumen

Los PTI brindan apoyo y recursos a madres y padres, mientras que las abogadas y abogados de educación especial brindan representación legal y asesoramiento. Ambos pueden ser útiles para madres de niñas y niños con necesidades especiales, dependiendo de las necesidades y circunstancias específicas.

Testimonio: Sugerencias

"Resiste la tentación de culpar a la discapacidad de tu hijo por su comportamiento. A nosotros nos costó mucho trabajo aceptar eso. A veces el mal comportamiento de Sofi-lu es normal como cualquier chica de su edad.
Y por último, ve a tu hijo como la persona que es y no solo su discapacidad.

Pide ayuda. Ayuda moral con la familia, pide ayuda a las aseguranzas (seguros médicos) para que paguen los servicios que sean necesarios, pide ayuda al gobierno y ayuda espiritual".

Lucía, madre de Sofi-lu, joven con diagnóstico de autismo.

18

RECURSOS PARA TI

Cómo encontrar tu PTI (Parent Training and Information Center)

Visita este sitio web. Encontrarás la lista completa de centros, organizados por estados. Verás que los centros se dividen por condados. Si no estás segura de cuál te corresponde, llama por teléfono o escribe un correo electrónico al centro de tu estado, y te derivarán al correcto.

https://www.parentcenterhub.org/find-your-center/

Recuerda que la forma en que se administra el PTI puede variar de un estado a otro, por lo que tienes que consultar los recursos específicos de tu estado para obtener la información más precisa y actualizada.

Importante: Todos los PTI ofrecen servicios gratuitos. No deberían cobrar por atenderte.

En este espacio puedes escribir los datos de contacto de tu PTI:

Mi PTI y Redes de Apoyo

Apoyo para las emociones

Las reuniones IEP pueden ser estresantes y emocionales —no lo sabré yo—, en especial si nos sentimos frustradas con el proceso o con los resultados. Aquí hay algunos consejos para lidiar con la frustración durante una reunión IEP:

- Prepárate con anticipación. Revisa los informes y los objetivos propuestos antes de la reunión para tener una idea clara de lo que se va a discutir y crea una lista de las preguntas o preocupaciones que tengas. ¿No tienes los documentos? Pídelos por correo electrónico o carta escrita a mano, aunque sea en formato de borrador, en cuanto te inviten a la reunión IEP.
- Escucha activamente lo que se dice y pide aclaraciones si no estás segura de algo. No tengas miedo de preguntar si necesitas más información.
- Mantén la calma. Si sientes que te estás poniendo demasiado nerviosa, toma un momento para respirar y volver a centrarte. También puedes pedir un receso de cinco minutos para salir del salón, tomar agua, enfocarte.
- Comunica tus preocupaciones de manera clara y respetuosa. Usa declaraciones con «yo pienso» o «me

preocupa», en vez de culpar o acusar al resto. Esto solo generará una respuesta hostil.

■ Recuerda que la reunión IEP es un proceso colaborativo entre nosotras —las madres—, maestras y maestros y profesionales de la educación. Trabaja en conjunto para llegar al mejor acuerdo para tu hija o hijo.

En este espacio puedes escribir tus notas para la próxima junta con la escuela y el equipo profesional:

El autocuidado es vital

Ser madre de una niña o niño con necesidades especiales puede ser agotador en muchos aspectos. Solemos dormir mal, poco, llevar a nuestros retoños a decenas de terapias semanales, administrar medicamentos, responder preguntas poco corteses, suma y sigue. Por ello, es fundamental que nos cuidemos. Aquí te comparto sugerencias para mantener la salud física y emocional:

- Haz ejercicio de manera regular: Aunque puede ser difícil encontrar tiempo, es importante dedicar al menos 30 minutos al día a mover el cuerpo. El ejercicio nos ayuda a reducir el estrés y aumentar la energía. Si puedes caminar por el barrio o bailar un poco cuando estás en casa, en esas horitas en que tu hija o hijo está en la escuela, aprovecha.
- Descansa lo suficiente: Intenta dormir suficientes horas por la noche. Si tu hija o hijo tiene problemas durante la noche, ojalá puedas tomar siestas durante el día o pedir ayuda a amigas, amigos y familiares para descansar un poco. Sé que no es sencillo, pero debemos hacer este esfuerzo. Una mamá cansada es una mamá poco efectiva.

■ Come de manera saludable: Trata de comer una dieta equilibrada y nutritiva. Intenta evitar alimentos procesados y ricos en grasas saturadas, aunque sé que con el tiempo tan limitado que tenemos la tentación de pasar por el restaurante de comida rápida es grande.

■ Encuentra tiempo para relajarte: ¿Qué cosas disfrutas hacer? Leer un libro, hojear una revista, escuchar música, dar un paseo por la naturaleza o mirar la teleserie, lo que puedas, lo que te agrade y suba el ánimo. Date un gusto.

■ Pide ayuda cuando la necesites: No tengas miedo de pedir ayuda a amigas, amigos y familiares, en especial dentro de la comunidad de familias con niñas y niños en situaciones similares a la tuya. Busca grupos de apoyo para madres de niñas y niños con necesidades especiales. Esto puede ser una gran fuente de apoyo emocional y práctico. Por experiencia propia sé que estas mamás suelen apoyar contra viento y marea, sin hacer preguntas y con gran compasión y amor.

■ Mantén tus citas médicas: Las primeras en descuidarnos somos nosotras mismas, pero no es buena idea posponer la visita al doctor si algo nos duele, nos pincha o nos inflama. Si algo en tu cuerpo o en tu mente te agobia, llama hoy mismo al doctor. Si no tienes seguro médico, tienes que saber que todos los estados tienen clínicas comunitarias que podrán verte a muy bajo costo, si no gratis.

En este espacio puedes anotar tus ideas para cuidarte a ti misma:

Mi plan de autocuidado

Testimonio: Autocuidado

"Para cuidarnos hacemos muchas cosas ahora, antes a mí (la mamá) me costaba trabajo hacerlo y aceptar que es saludable dividirse el cuidado de Sofi-lu. Como por ejemplo, tenemos un horario diario. Uno de nosotros se encarga de mandar a Sofi-lu a la escuela. "El Gallo" es quien se levanta a las 6 am de lunes a viernes. El fin de semana el horario del gallo es a partir de las 7 am. De esta forma, los demás nos damos el lujo de "sleep in". Y en la noche tenemos al "Policía", que se encarga de mandar a dormir a Sofi-lu y vigilar que no se levante y ande corriendo a medianoche.

También nosotros, los papás, nos damos la oportunidad de un "weekend off" por lo menos un vez al año, entre otras cosas.

Algo muy importante que hacemos es comer lo más saludable posible y hacer actividades físicas".

Lucía y Daddy Joe, padres de Sofi-lu, joven con diagnóstico de autismo.

Modelo de carta para pedir la evaluación inicial

Puedes copiar este ejemplo y personalizarlo con tus datos para enviarlo a la escuela. Recuerda que es mejor dejar todo por escrito.

Si no tienes computadora o impresora, puedes escribir a mano y tomar una foto con el teléfono, con la fecha bien destacada.

* * *

Estimado/a [nombre del/de la director/a de la escuela o del/de la coordinador/a de educación especial],

Me dirijo a usted para solicitar una evaluación de educación especial para mi hijo/a [nombre del/de la niño/a y grado académico]. Después de una observación detallada de su comportamiento en el aula y en casa, creo que puede estar experimentando dificultades que podrían estar afectando su desempeño académico y su capacidad para progresar en la escuela.

Como padre/madre, quiero asegurarme de que mi hijo/a tenga todas las herramientas y recursos necesarios para tener éxito en su educación y alcanzar su máximo potencial. Creo que una evaluación completa de educación especial podría ayudar a identificar cualquier necesidad especial que pueda tener y permitir la implementación de un plan de educación personalizado para satisfacer esas necesidades.

Agradecería que me informaran sobre los siguientes pasos del proceso, incluyendo los plazos y cualquier otra información necesaria para llevar a cabo la evaluación. Además, me gustaría estar presente en todas las reuniones y discusiones relacionadas con la evaluación de mi hijo/a.

Gracias por su atención a esta solicitud. Espero poder trabajar juntos/as en beneficio de mi hijo/a.

Atentamente,
[Tu nombre]
[Tu teléfono de contacto]
[Tu correo electrónico]

Registro de servicios

Aquí te presento un ejemplo de documento para llevar un registro de los servicios de educación especial. Este tipo de documento puede ser útil para tener un seguimiento de los servicios que recibe tu hija o hijo y asegurarte de que se cumplen los términos del IEP.

Registro de servicios de educación especial para [nombre del/de la estudiante]
Nombre del/de la estudiante:

____

Año escolar:

____

Nombre del/de la maestro/a de educación especial:

____

Fecha de la reunión IEP:

____

Fecha de inicio de los servicios:

____

Fecha de finalización de los servicios:

____

Horas de servicio por semana:

____

Servicios de educación especial:

[En esta sección, describe los servicios que se han acordado en el IEP y la frecuencia en que se recibirán. Puedes agregar o quitar secciones según los servicios que se hayan acordado.]

Terapia del habla y lenguaje

Fecha de inicio:

____

Fecha de finalización:

____

Frecuencia:

____

Horas por semana:

____

Terapia ocupacional

Fecha de inicio:

____

Fecha de finalización:

____

Frecuencia:

____

Horas por semana:

____

Terapia física

Fecha de inicio:

____

Fecha de finalización:

Frecuencia:

Horas por semana:

Tecnología de asistencia
Fecha de inicio:

Fecha de finalización:

Frecuencia:

Descripción:

Notas y observaciones:
[En esta sección, puedes agregar notas y observaciones sobre el progreso de tu hija o hijo, las preocupaciones que tengas, cualquier cambio en los servicios, etcétera.]

Recuerda que este documento es un ejemplo y que puedes personalizarlo según las necesidades de tu hija o hijo y de tu familia. Por supuesto que las terapias aquí incluidas también son de ejemplo.

Espero que te sea útil en el seguimiento de los servicios de educación especial.

Bitácora de comunicación

Esta es una bitácora simple para llevar un registro de las comunicaciones con la escuela respecto a la educación especial, no olvides actualizarla regularmente para mantener un registro preciso de las comunicaciones con la escuela. Las notas a mano son válidas para comprobar que lo que tú planteas es cierto.

Mi bitácora de comunicación

Estudiante: [nombre del/de la estudiante]

____

Escuela: [nombre de la escuela]

____

Año escolar: [año escolar]

____

Fecha | Tipo de comunicación: registra si te comunicaste por teléfono, por correo o en persona.

____

Descripción breve de la comunicación: añade los puntos principales, incluyendo los temas discutidos, los acuerdos alcanzados y los próximos pasos a seguir.

Hoja de preparación para la reunión IEP

Esta es una lista de preguntas que puedes plantear antes de las reuniones IEP. Léelas y elije las tres más importantes para ti, con el fin de no sentirte agobiada y concentrar tus esfuerzos.

Nombre del/de la estudiante: ___________

Fecha de la reunión IEP: ___________

Lista de los/las miembros del equipo que asistirán a la reunión:

Padre/madre o tutor/a legal

Maestro/a de educación general

Maestro/a de educación especial

Especialista en terapia ocupacional

Especialista en terapia del habla y del lenguaje

Otros: _____________

Lista de preocupaciones actuales sobre el/la estudiante:

- ¿Hay algún problema de conducta que se haya observado en casa o en la escuela?
- ¿Hay alguna dificultad en el aprendizaje de ciertas habilidades académicas o sociales?
- ¿Ha habido algún cambio en la salud o el comportamiento del/de la estudiante desde la última reunión IEP?

Lista de metas a largo plazo para el/la estudiante:

- ¿Qué habilidades se espera que el/la estudiante adquiera a largo plazo?
- ¿Cuáles son las metas a largo plazo para la vida adulta del/de la estudiante?

Lista de las metas a corto plazo para el/la estudiante:

- ¿Qué habilidades se espera que el/la estudiante adquiera durante el próximo año escolar?
- ¿Cuáles son las metas específicas para mejorar las habilidades académicas, sociales o de comportamiento del/de la estudiante?

Lista de preguntas que se deben hacer durante la reunión:

- ¿Qué servicios de educación especial se proporcionarán y con qué frecuencia?
- ¿Cuál es el progreso actual del/de la estudiante en relación con las metas establecidas en la última reunión IEP?

■ ¿Hay alguna evaluación adicional que deba realizarse para ayudar al/a la estudiante a alcanzar sus metas?

Mis Notas

Testimonio: Un mensaje

"Mi mensaje para mi hijo es que estoy muy orgullosa de él, que siempre me tendrá presente para todo lo que necesite para que tenga un futuro mejor y pueda cumplir sus metas y sueños".

Patty Rosas-Fierro, mamá de Alejandro, 6 años, dentro del espectro autista.

Testimonio: Un mensaje

"A mi hijo, quiero decirle primero que nada que Lo Amo. Que Dios me dió al Mejor Hijo del Mundo, que cada día me ha enseñado algo nuevo. Que llegó cuando más necesitaba un motivo en mi vida para guiarme y darme un propósito y que siempre, siempre, mamá va a luchar junto a él para que todo lo que él se proponga lo logre... Siempre juntos, Mi Patroncito".

Brenda, mamá orgullosa de Pablito, 4 años, con síndrome de Down.

Testimonio: Un mensaje

"*Sofi-lu, quiero saber ¿por qué te ríes tanto? Veo que te mueres de risa y yo ¡me muero de curiosidad por saber el motivo!*".

Daddy Joe, padre de Sofi-lu, joven con diagnóstico de autismo.

"*Mi niña, quisiera que me prestaras una dosis de tu energía por el resto de mi vida para poder estar al par contigo. Y si me dejas abusar de tu generosidad, quiero que me des de esa alegría que tu Daddy muere por saber de qué se trata*".

Lucía, madre de Sofi-Lu, joven con diagnóstico de autismo.

"A mi hijo le quiero decir que la felicidad está en uno mismo y no importa el lugar o las circunstancias, siempre se puede llegar lejos. No se detenga al primer obstáculo"

Alba Velásquez, hijo de 15 años con diagnóstico de autismo, trastorno de desregulación disruptia del estado del ánimo (DMDD) y asma.

Mi mensaje para mi hijo/hija

19

GLOSARIO BÁSICO

Aquí tienes un glosario básico con algunos de los términos más importantes de educación especial:

- ADA: Ley de Estadounidenses con Discapacidades (Americans with Disabilities Act)
- ARD: Reunión de Revisión de Admisión, Revisión y Retiro en el estado de Texas, equivalente al IEP en los demás estados (Admission, Review, and Dismissal Meeting)
- AT: Tecnología de Asistencia (Assistive Technology)
- BIP: Plan de Intervención de Comportamiento (Behavior Intervention Plan)
- CSE: Comité de Educación Especial (Committee on Special Education)
- DD: Discapacidad del Desarrollo (Developmental Disability)

- ECI: Intervención Temprana de la Educación Especial (Early Childhood Intervention)
- EIS: Servicios de Intervención Temprana (Early Intervention Services)
- ELL: Estudiante de Inglés como Segundo Idioma (English Language Learner)
- ESY: Servicios de Educación Especial de Verano (Extended School Year)
- FBA: Evaluación Funcional de la Conducta (Functional Behavior Assessment)
- IDEA: Ley de Educación para Individuos con Discapacidades (Individuals with Disabilities Education Act)
- IEP: Plan de Educación Individualizado (Individualized Education Program)
- LRE: Entorno de Educación Menos Restringido (Least Restrictive Environment)
- OHI: Impedimento de Salud Crónico (Other Health Impairment)
- OT: Terapia Ocupacional (Occupational Therapy)
- PT: Terapia Física (Physical Therapy)
- PTI: Información para Padres (Parent Training and Information Center)
- RTI: Respuesta a la Intervención (Response to Intervention)
- SDI: Instrucción Directa y Específica (Specially Designed Instruction)
- SLI: Discapacidad del Habla y Lenguaje (Speech and Language Impairment)
- SLD: Discapacidad Específica del Aprendizaje (Specific Learning Disability)

- SSD: Discapacidad del Seguro Social (Social Security Disability)
- SPE: Educación Especial (Special Education)
- SST: Equipo de Soporte de Estudiantes (Student Support Team)
- ST: Terapia del Habla (Speech Therapy)
- SLP: Patólogo del Habla y del Lenguaje (Speech-Language Pathologist)
- SST: Equipo de Apoyo Estudiantil (Student Support Team)
- 504: Sección 504 de la Ley de Rehabilitación (Section 504 of the Rehabilitation Act)

Mi Glosario

20

HASTA PRONTO

La educación especial puede ser un mundo desconocido y a veces intimidante para nosotras, madres de hijas e hijos con necesidades especiales. Sin embargo, es esencial comprender los conceptos y términos para navegar el sistema educativo y garantizar que nuestras nenas y nenes reciban los servicios adecuados.

Aprender sobre educación especial nos brinda la confianza y las herramientas necesarias para abogar por ellas y ellos de manera efectiva y colaborar con maestras y maestros y el personal escolar. Además, nos ayuda a comprender mejor las necesidades de nuestros retoños y cómo apoyarlos en casa.

Aunque puede ser abrumador al principio, creo que el conocimiento y la comprensión de la educación especial marca una gran diferencia en la vida de niñas y niños con necesidades especiales y en la de sus familias.

Al aprender sobre el tema, podemos tomar medidas concretas, podemos poner en palabras esas sensaciones que nos invaden. Más importante aún, podemos dejar de tener miedo: el conocimiento de la ley y nuestros derechos nos empodera. El aprendizaje es la manera más segura de convertirnos en autodefensoras. Y nuestros ejemplos de valentía, de mesura en reuniones difíciles, de paciencia, de amor y cuidado propio son vitales para nuestras hijas e hijos. Aprenderán de nosotras cómo abogar por sus derechos cuando salgan del nido.

Sé que asusta dejarlas y dejarlos partir, pero es parte del proceso y parte de la vida. Nuestro objetivo como mamás es preparar lo mejor posible a nuestras hijas e hijos para ese momento en que nosotras ya no estemos aquí.

Por último, amiga mía, gracias por leer, gracias por compartir, gracias por tu trabajo diario, por tu fuerza inquebrantable. Eres una madre excepcional y te admiro. Cuídate para que puedas seguir cuidando de las tuyas y tuyos.

Con cariño y agradecimiento,
Andrea Amosson

21

AGRADECIMIENTOS

Quiero agradecer a Lucía, Marcela, Brenda, Patty y Alba, por sus colaboraciones con testimonios para enriquecer con experiencias reales, esta guía.

A mi madre, Norma Herrera; a Lucía Rake y Kizzy Berrueta, por la lectura del manuscrito.

A Shannon Rosson y a mis colegas de Partners Resource Network.

A la red de profesionales que comparten su conocimiento y abogan por nuestros hijos e hijas cada día.

A mis Vikingos, infinita fuente de inspiración y fuerza.

22

SOBRE LA AUTORA

Andrea Amosson es chilena, escritora y periodista titulada de la Universidad Católica del Norte, Chile. Reside en Texas con sus dos hijos, esposo y madre.

Su vida profesional se ha desarrollado en comunicaciones internas para diversas organizaciones. El rol de coordinadora regional para Partners Resource Network, el centro de información, entrenamiento y apoyo del estado de Texas (PTI), es el que mayor impacto ha tenido en su vida. Desde el año 2021, Andrea trabaja directamente con las familias latinas/hispanas del área de Dallas y Fort Worth y ofrece atención personalizada, seminarios, talleres, actividades sociales y de recreación también, para informar de los derechos y de la Ley IDEA y sección 504 de ADA en la comunidad.

Andrea es madre de dos adolescentes que reciben servicios de educación especial, es inmigrante y hablante del inglés como segunda lengua, por eso comprende bien la situación en que muchas familias se encuentran y aspira a contribuir con información y apoyo a la comunidad a través de esta guía fácil.

En su vida literaria, destaca por sus novelas históricas —publicadas por prestigiosas editoriales—, que han ganado varios premios en los certámenes de International Latino Book Awards en Estados Unidos. Sus relatos han sido publicados en Colombia, España, Perú, Chile y Estados Unidos.

www.ingramcontent.com/pod-product-compliance
Lightning Source LLC
Chambersburg PA
CBHW072015150726
47999CB00002B/667

9798869203922